W9-ASR-776

DATE DUE

Yo soy el camello

Karen Durrie

Visita nuestro sitio **www.av2books.com** e ingresa el código único del libro.

Go to www.av2books.com, and enter this book's unique code.

CÓDIGO DEL LIBRO
BOOK CODE

X502756

AV² de Weigl te ofrece enriquecidos libros electrónicos que favorecen el aprendizaje activo. AV² by Weigl brings you media enhanced books that support active learning.

El enriquecido libro electrónico AV² te ofrece una experiencia bilingüe completa entre el inglés y el español para aprender el vocabulario de los dos idiomas.

This AV² media enhanced book gives you a fully bilingual experience between English and Spanish to learn the vocabulary of both languages.

Spanish

English

Navegación bilingüe AV²
AV² Bilingual Navigation

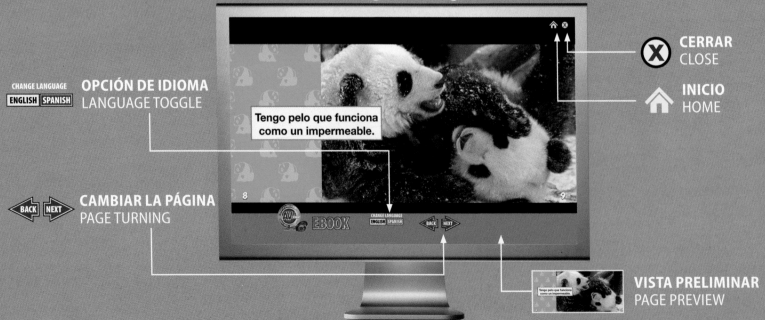

CAMBIAR LANGUAGE
ENGLISH SPANISH

OPCIÓN DE IDIOMA
LANGUAGE TOGGLE

CAMBIAR LA PÁGINA
PAGE TURNING

Tengo pelo que funciona como un impermeable.

CERRAR
CLOSE

INICIO
HOME

VISTA PRELIMINAR
PAGE PREVIEW

Yo soy el camello

En este libro te enseñaré acerca de:

- mí mismo

- mi alimento

- mi hogar

- mi familia

¡y mucho más!

Soy un camello.

Tengo una joroba en la espalda. Es una joroba de grasa.

Puedo tomar 227 botellas de agua en 10 minutos.

No tengo joroba al nacer.

11

Tengo dos filas de pestañas y tres párpados.

13

Mi pelo puede transformarse en lana.

15

Grito, golpeo y escupo cuando estoy molesto.

16

Puedo transportar 220 libras en la espalda.

Vivo en manadas
que son cuidadas
por personas.

Soy un camello.

DATOS SOBRE LOS CAMELLOS

Estas páginas brindan información detallada que amplía aquellos datos interesantes que se encuentran en el libro. Se pretende que los adultos utilicen estas páginas como herramienta de aprendizaje para contribuir a que los jóvenes lectores completen sus conocimientos acerca de cada animal sorprendente que aparece en la serie *Yo soy*.

páginas 4–5

Soy un camello. Los camellos tienen patas y cuellos largos y cabezas pequeñas. Sus patas tienen dos dedos que se extienden para evitar que los camellos se hundan en la arena. Los camellos viven en los desiertos cálidos del norte de África y sudoeste de Asia. Fueron introducidos en Australia en el siglo XIX cuando los exploradores los trajeron para usarlos como animales de tiro.

páginas 6–7

Los camellos tienen jorobas de grasa en la espalda. Hay dos tipos de camellos. El bactriano tiene dos jorobas y el árabe o dromedario tiene una. La joroba de un camello puede almacenar hasta 80 libras (36 kilogramos) de grasa, que puede transformarse en agua y energía si no hubiera alimento a su alrededor.

páginas 8–9

Los camellos pueden tomar 227 botellas de agua en 10 minutos. Los camellos pueden tomar hasta 30 galones (113,5 litros) de agua en 10 minutos. Es la misma cantidad de agua que una persona toma en casi 55 días. Los camellos en general necesitan entre 5 y 10 galones (19 a 38 L) de agua por día, pero sin embargo pueden estar largos períodos de tiempo sin tomar agua.

páginas 10–11

Los camellos no tienen joroba al nacer. Cuando el camello ternero comienza a alimentarse con alimentos sólidos, la joroba crece. Los camellos bebé toman la leche de su madre y cuando tienen entre dos o tres meses comienzan a alimentarse con pasto.

páginas 12–13

Los camellos tienen dos filas de pestañas y tres párpados. Los camellos tienen muchas formas de proteger su cuerpo de la arena cuando ésta vuela en el desierto. Las dos filas de pestañas y un tercer párpado fino evitan que la arena y el polvo penetren en los ojos del camello. Los camellos puedan cerrar sus fosas nasales para impedir que entre la arena en sus narices.

páginas 14–15

El pelo del camello puede transformarse en lana. Los camellos tienen pelaje más liviano cuando el clima es cálido. El pelaje engrosa y cobra un aspecto más lanudo cuando el clima es frío. Los camellos mudan su pelaje en grandes matas. Su pelo se hila en lana suave, que se utiliza para confeccionar ropa y alfombras.

páginas 16–17

Los camellos gritan, golpean y escupen cuando están molestos. En general, los camellos son animales tranquilos, pero si se enojan o se sienten amenazados, pueden morder o patear. Se conocen por escupir cuando están enojados o nerviosos. Traen el contenido desde su estómago para escupirle al que los esté molestando.

páginas 18–19

Los camellos pueden transportar 220 libras (99 kg) en la espalda. Los camellos se utilizan para transportar cargas durante distancias prolongadas. También se los puede montar. Los camellos dromedarios pueden llevar hasta 220 libras (100 kg) en la espalda durante aproximadamente 37 millas (60 kilómetros), mientras que los camellos bactrianos pueden transportar 440 libras (200 kg) durante 31 millas (50 km).

páginas 20–21

Los camellos viven en manadas que cuida la gente. Son animales muy sociables y les gusta estar con otros camellos. En su mayoría sirven como animales de tiro. Ya casi no hay camellos salvajes en el mundo. Los camellos árabes salvajes se han extinguido y los bactrianos salvajes se encuentran en peligro de extinción y tan sólo quedan 950 en el desierto de Gobi, en Asia.

¡Visita www.av2books.com para disfrutar de tu libro interactivo de inglés y español!

Check out www.av2books.com for your interactive English and Spanish ebook!

1 **Entra en www.av2books.com**
Go to www.av2books.com

2 **Ingresa tu código**
Enter book code

X502756

3 **¡Alimenta tu imaginación en línea!**
Fuel your imagination online!

www.av2books.com

Published by AV² by Weigl
350 5ᵗʰ Avenue, 59ᵗʰ Floor New York, NY 10118
Website: www.av2books.com   www.weigl.com

Library of Congress Cataloging-in-Publication Data

Durrie, Karen.
  [I am a camel. Spanish]
  Soy un camello / Karen Durrie.
     pages cm. -- (Yo soy)
  Audience: K to grade 3.
  Includes bibliographical references and index.
  ISBN 978-1-62127-565-7 (hardcover : alk. paper) -- ISBN 978-1-62127-566-4 (ebook)
  1. Camels--Juvenile literature. I. Title.
  QL737.U54D8718 2014
  599.63'62--dc23

                                    2012051486

Printed in the United States of America in North Mankato, Minnesota
1 2 3 4 5 6 7 8 9 0   17 16 15 14 13

032013
WEP050313

Project Coordinator: Karen Durrie
Spanish Editor: Tanjah Karvonen
Art Director: Terry Paulhus